AF312411

# ADRESSE

D'UN

# VRAI CONSTITUTIONNEL

AUX

## VÉRITABLES CONSTITUTIONNELS.

> Lorsque l'épée des priviléges du trône est tirée, il devient nécessaire d'y opposer le bouclier des priviléges populaires.
>
> ( Lord John RUSSELL, séance du 19 février, pour l'élection de Lord ABERCROMBY. )

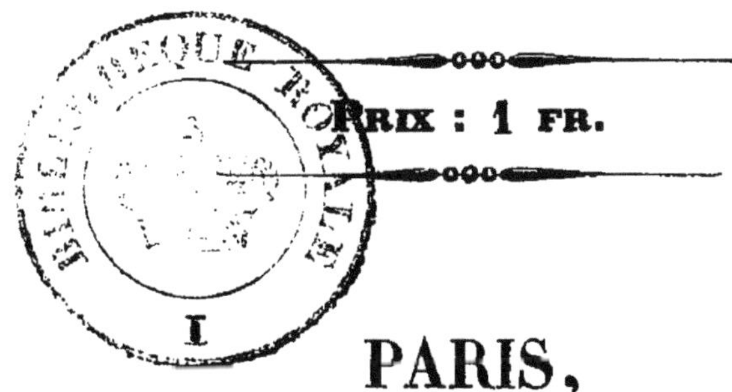

**PRIX : 1 FR.**

# PARIS,

**CHEZ GUILLAUMIN, LIBRAIRE,**

RUE VIVIENNE, N° 43 ;

**ET CHEZ TOUS LES MARCHANDS DE NOUVEAUTÉS.**

**1835.**

# ADRESSE

D'UN

## VRAI CONSTITUTIONNEL

AUX

### VÉRITABLES CONSTITUTIONNELS.

> Lorsque l'épée des priviléges du trône
> est tirée, il devient nécessaire d'y oppo-
> ser le bouclier des priviléges populaires.
>
> (Lord Jonh RUSSELL, séance du 19 février,
> pour l'élection de Lord ABERCROMBY.)

L'ADRESSE D'UN CONSTITUTIONNEL AUX CONSTITUTIONNELS, qui vient de paraître, et qui fait tant de bruit, en causant un grand scandale politique et même judiciaire (1), doit-elle passer sans autre réfutation que celle du journalisme? Nous ne le pensons pas, et c'est pourquoi nous avons publié cette brochure.

---

(1) M. Plougoulm l'a flétrie lui-même dans l'audience du 25 février, à l'occasion du procès du *National*.

Cette adresse part, dit-on, de haut lieu; elle émanerait d'une plume auguste; elle n'en aurait alors qu'une portée plus grave, et par cela même ce serait un devoir impérieux que de lui opposer les barrières que son auteur voudrait franchir, les principes qu'il voudrait anéantir.

Entrons en matière.

Le point auquel veut aboutir l'*Adresse d'un Constitutionnel aux Constitutionnels* est celui-ci : *qu'un Roi doit gouverner par sa volonté, qu'à lui seul il est permis d'avoir un système, de le faire exécuter;* c'est-à-dire qu'il ne peut y avoir de bon gouvernement que celui *du Bon-Plaisir.*

Il est de fait que, depuis bien long-temps, les peuples se sont conduits comme des individus qui ne pouvaient se passer de maîtres. Cependant, tout en ayant continué cette habitude de se donner ou de se soumettre à *un Maître couronné*, quelques-uns d'entre ces peuples commencent à croire qu'il leur est permis de s'émanciper des vieilles oppres-

sions, et d'entrer dans une voie de régé-
nération sociale. En France, on commence
même à se dire, en face de la manière dont
on est gouverné, et qui, toute détestable
qu'elle est, n'empêche pas la société de mar-
cher et d'être tranquille, qu'on pourrait
presque se passer de Gouvernement.

Mais, puisque nous n'en sommes pas encore là, examinons un peu les droits de chacun, et faisons, d'un côté, la juste et véritable part du Pouvoir, qui veut tant de choses,
et, de l'autre, celle du Peuple, qui n'est plus
curieux de s'abandonner pieds et poings liés
à ceux qui voudraient l'exploiter à *merci*.

Nous comprenons parfaitement que rien
n'est doux comme le Pouvoir-Suprême; il
pourrait même y avoir une bonne et géné-
reuse intention dans les efforts qu'un souve-
rain ferait pour se l'approprier, mais il devrait tenir compte du moins des époques où il
voudrait tenter cet envahissement.

Nous savons également que la liberté, après
laquelle nous avons couru à travers deux ré-

volutions terribles et sanglantes, nous a laissé de tristes et de cruels souvenirs; mais ces révolutions ont du moins fait surgir, des ruines de notre ancien gouvernement, la connaissance des droits imprescriptibles des peuples; la France s'y est plus particulièrement attachée, et, sur ce point, l'éducation populaire des masses est fort avancée, si elle n'est complète. Voilà un fait incontestable.

Ce que personne n'ignore, c'est que nos malheurs, sans cesse renaissans, sont sortis et des abus de pouvoir du Chef-Suprême, et de la mauvaise administration de nos ministres successifs; ce n'est qu'à eux que nous devons l'avilissement profond dans lequel nous sommes tombés, une dette énorme, des impôts intolérables, et ce sont eux qui nous menacent d'ajouter aux humiliations du présent la servitude de l'avenir, ou plutôt l'esclavage du passé, car ils ne s'occupent que de nous faire rétrograder.

Cependant chaque individu comprend la valeur du mot Patrie; chacun sent qu'il est né libre, et que Dieu n'a pu permettre l'avilissement de son plus bel ouvrage.

Chaque individu comprend que si les sociétés sont devenues une nécessité native, que s'il lui a fallu faire le sacrifice d'une partie de son indépendance, il n'a entendu la confondre que dans une loi commune, et ne se soumettre qu'à cette loi.

L'histoire de la servitude est immense; elle embrasse plusieurs siècles; mais elle n'a jamais entièrement effacé l'amour de la liberté, ni étouffé le souvenir des vérités premières qui lui ont servi de base. Constamment en lutte avec leur ennemie la plus cruelle et la plus opiniâtre, la tyrannie, ces vérités se sont toujours réveillées avec éclat, par intervalles, pour assister à la chute des despotismes, pour en préparer la ruine, et pour proclamer le droit imprescriptible d'émancipation. Chaque fois que l'oppression est devenue trop pesante, une voix s'est élevée, qui a appelé des libérateurs. Rome, si habile à opprimer, ne put se défendre contre ceux qui ruinèrent son despotisme.

Cette même histoire, où sont consignées tant d'usurpations, a aussi enregistré l'éner-gie puissante de ces hommes qui se plaçaient, inquiets et fiers, à côté du chef qu'ils avaient élu, pour exercer avec lui la plus noble de toutes les magistratures, celle de la confection des lois. Ils n'avaient que peu de lumiè-res, mais il leur suffisait des inspirations de leur âme, et ils se constituaient, eux aussi, les arbitres du bonheur commun. Ils raison-naient et discutaient peu, mais les principes que leur avaient légués leurs ancêtres ne leur permettaient pas de s'égarer. Se réunissaient-ils au Champ-de-Mars, autour du roi *qu'ils s'étaient donné*, ils ne lui remettaient point leur autorité législative; ils se conservaient toujours son juge suprême, et ils ne *balan-çaient pas à le punir s'il avait osé enfreindre les lois nationales* (1).

---

(1) Aimoin, Gest. Franc., ch. 45. — Le continuateur de

Si plus tard la ruse enchaîna la vieille indépendance, l'excès de l'oppression devint la
source de la résistance, et les agitations qui
en sortirent furent encore utiles à la liberté

C'est donc un bel exemple que celui de ces
hommes qui, détestant leurs chaînes, ne re-
culèrent point devant l'agitation qui devait
les briser, et qui retrempèrent successive-
ment leurs âmes dans les orages et dans l'ef-
fervescence populaires.

Oui, certainement, les grandes convul-
sions sociales sont périlleuses et fort souvent
funestes, mais elles sont toujours salutaires ;
elles font préférer *une liberté entourée de pé-
rils à une servitude tranquille* (1); elles ré-
veillent les grands courages et soutiennent

---

Frédégaire, ch. 94. V. les causes de la déposition de
Thierry.

(1) Jean-Charles Apalinski, castelan de Posnanie, beau-
père de Stanislas, roi de Pologne, s'était un jour écrié au
milieu de ses concitoyens :

MALUMUS PERICULOSAM LIBERTATEM QUAM QUIETUM SERVITIUM.

l'enthousiasme; elles chassent cette effrayante stupeur des empires de l'Asie; elles renvoient aux tyrans et leurs guerres cruelles et leurs terreurs; elles laissent enfin de grandes leçons aux générations qui doivent suivre.

Eh quoi! un peuple serait frappé d'interdiction par la seule volonté d'une seule tête! un seul Tyran pourrait accumuler impunément impôts sur impôts, accroître la dette de l'État, anéantir le crédit public, grossir la liste de lois ou impuissantes, ou inutiles, ou oppressives, s'entourer de magistrats serviles, lançant partout la terreur et semant la haine, dispenser à son gré les emplois, les plus petites fonctions, prodiguer l'or et la corruption, démoraliser tout un peuple pour le triomphe de quelques courtisans, et ce peuple devrait se renfermer dans ses douleurs et se taire sur ses alarmes! Quoi! trente-quatre millions d'individus devraient s'effacer devant une poignée de petits valets de cour!

Est-ce donc que l'histoire n'a pas recommandé à la reconnaissance du peuple anglais ce lord Abington qui, voyant que le parti vendu à la cour entraînait la nation anglaise dans cette voie qui lui a fait perdre l'Amérique, proposa aux citoyens qui pensaient comme lui « de sortir à l'instant du parle» ment, mais après avoir protesté que le Roi » et le Parlement avaient abusé de leur pou» voir dans la guerre d'Amérique, et *que le* » *Peuple anglais, suprême législateur de la* » *Grande-Bretagne, avait le droit de retirer* » *un pouvoir si mal administré?* »

Est-ce donc que l'insurrection n'est pas permise en Angleterre? Est-ce que l'Angleterre a abdiqué son droit d'association? S'en est-elle stupidement laissé dépouiller? Est-ce que la Pologne, quand elle était libre, quand elle était peuple, quand sa *nationalité* n'avait pas encore péri, ne vérifiait pas les actes des nonces?

Et quand la nation française s'est assemblée, est-ce qu'elle n'est pas restée maîtresse de tous ses pouvoirs? Est-ce que ses commettans ont pu dépasser leur mandat?

Qu'on nous dise donc quelle est la volonté,

quel est le principe, quel est le droit qui réunit ces corps imposans, interprètes des besoins de tous? qu'on nous explique donc quel est le but des lois dont eux seuls sont les auteurs? De qui émanent-elles donc ces volontés suprêmes qui ont réglé l'administration, qui ont déterminé la force du pouvoir exécutif, et qui lui ont tracé ses limites? Est-ce qu'il y a rien là qui ressemble aux prétentions d'un *système exclusif et absolu, aux velléités d'un pouvoir sans bornes?*

Et la force publique qui appuie le pouvoir exécutif, qui défend la patrie au dehors, qui la maintient tranquille à l'intérieur, n'est-elle donc pas composée du peuple, et n'est-ce pas au peuple qu'elle doit son organisation? N'est-ce donc pas la nation qui les paie? Les gouvernans ont-ils donc quelque chose qui ne leur vienne de la nation?

Et ce Pouvoir exécutif, la révolution de juillet ne l'a-t-elle pas brisé et reconstruit à son gré? Est-ce que le droit qu'elle a eu alors elle ne l'aurait pas toujours?

Quand un peuple, cependant, s'est démis du droit de mouvoir la force publique, que lui restera-t-il donc pour réprimer les envahissemens du pouvoir exécutif?

Comment le peuple devrait-il répondre à celui qui prétendrait régler le pouvoir à son gré, parce qu'on le lui aurait confié; qui voudrait faire accroire qu'il le tient désormais sans *limites et sans partage?*

Que deviendra-t-il, s'il renonce à tous les moyens de se défendre contre l'oppression?

Qui fera de bonnes lois, bien appliquées à ses besoins, si ce n'est celui qui va de ces besoins mêmes aux lois qui peuvent les satisfaire? Qu'on nous dise donc quand s'est rencontré ce Roi absolu, qui se soit cru obligé de faire constamment des règlemens dans l'intérêt de tous?

Tous les *Rois Héréditaires* que nous avons vus se succéder les uns aux autres, ces Souverains par leur épée et au nom de la gloire, ces Monarques élus, n'ont-ils pas tous exploité les trônes à leur profit? Dès qu'ils s'y sont trouvés assis, n'ont-ils pas voulu y parler en maîtres absolus? ne se sont-ils pas environnés de courtisans, dont les maximes ont demandé des esclaves? n'ont-ils pas masqué sous les broderies d'or, sous les cordons, sous l'éclat du luxe et des richesses, le vice, la faiblesse et l'incapacité? Ou bien, pour un grand prince, que de détestables souverains!

Nulle société ne peut donc, sans s'avilir, sans se rendre coupable de lâcheté et d'absurdité, renoncer à ses droits, à son action, sur le pouvoir exécutif.

Le véritable Gouvernement Constitutionnel est celui où le pouvoir exécutif est cerné par des lois qu'il ne peut franchir, et où il n'a besoin, pour les faire exécuter, que de la force que lui communique le peuple qui les a faites. Un Roi véritablement Constitutionnel est celui qui ne peut aller au-devant des peines à infliger, mais qui en reçoit l'avertissement par les magistrats, et autour duquel le peuple s'empresse de se grouper dès que l'ordre est attaqué. Un Roi Constitutionnel est un Roi réellement *Citoyen*, et un Roi *Citoyen* ne peut être un maître absolu; car, à part le pouvoir exécutif, il ne compte dans l'état que *comme* une *individualité*.

Sous un Roi Constitutionnel, la constitution des corps judiciaires appartient au peuple, car c'est le peuple qui a intérêt à être bien jugé.

Toute magistrature avilie, le peuple a le droit de la briser, si son gouvernement est constitutionnel; dans la même condition politique, il a le droit de faire punir les actes d'autorité exorbitante qu'ont pu se permettre les ministres, et de les rendre responsables des dommages particuliers ou généraux qu'ils ont pu causer.

Sous un Gouvernement Constitutionnel, le chef du pouvoir exécutif ne doit, ne peut différer d'un seul instant le renvoi de ses agens qu'il a lui-même flétris (1); dans le cas

_______

(1) Dans l'adresse d'un Constitutionnel aux Constitutionnels, les ministres actuels ne sont nullement ménagés.

contraire, le législateur suprême intervient et reprend sa Toute-Puissance; il commande des choix qui rendent aux lois leur pouvoir constant et inflexible. Sous un Gouvernement Constitutionnel, c'est seulement sous l'influence de la Chambre que les ministres sont choisis.

Sous un Gouvernement Constitutionnel, les propriétés, la liberté individuelle sont sacrées, à l'abri de toute atteinte; le despotisme est impuissant, le Canapé sans influence, et le mérite seul décide des préférences; s'il n'y a point d'égalité de fait, l'égalité de droit commande. Rien, sous ce régime, ne peut ni ne doit se faire sans Enquête, sans un mûr et préliminaire examen; la force publique est impuissante contre les citoyens; les mauvaises lois sont à l'instant réformées, car il ne peut y avoir de souveraineté que celle des bonnes lois.

Mal en a toujours pris aux peuples qui ont remis au pouvoir exécutif la faculté de disposer des armées. La passion dominante de l'homme déjà puissant est d'agrandir son autorité, de faire ce qui lui plaît, et de maîtriser les autres, et les Monarques n'y ont jamais failli. D'ailleurs, combien ne rencontrent-ils pas d'auxiliaires autour d'eux? Ceux qui aident à conquérir la suprême puissance espèrent la partager ; elle est l'apanage des jouissances et de la paresse.

De nos jours, au dix-neuvième siècle, malgré les lumières qui brillent de toutes parts, il est encore une foule d'individus qui se font gloire de leur complicité dans les attentats des rois contre la liberté commune, et qui conspirent pour cet horrible et misérable triomphe.

A cet effet, ils cherchent à avilir les âmes, à les effrayer, à les fanatiser ; ils ne s'occupent que de saper l'intérêt national, d'étouffer l'amour de la patrie. Le pouvoir, d'accord avec eux, ne s'occupe que de tout centraliser dans ses mains ; il s'empare de l'instruction publique, la met à prix, et la rend aussi rare que difficile, par la surenchère qu'il a su y mettre. Il organise partout l'inquisition de son despotisme, et il a une police de bureau, des agens secrets administratifs, comme il a des sergens de ville et des mouchards. Il regarde le savoir comme un objet de luxe, et il le traite en conséquence. Bientôt, sous son action, toutes les idées se dénaturent, l'ignorance engendre la soumission et l'égoïsme, et le plus beau caractère national du monde s'est effacé.

Voilà où conduit le pouvoir absolu, et le but de tous ses efforts.

Au bout de quelques années, ce peuple qui avait porté sa gloire et sa civilisation surtout d'un bout de l'Europe à l'autre, qui était devenu le modèle et l'objet de l'envie de toutes les nations, qui s'était approprié tout ce que les génies antiques avaient produit, qui l'avait perfectionné, dépassé, qui avait recréé les arts, agrandi l'industrie, qui avait réveillé tous les autres peuples, et élevé à leur liberté prochaine le phare qui devait les guider, au bout de quelques années, disons-nous, ce peuple a contracté tous les vices des esclaves ; il est indolent, sans énergie, et il essuie froidement, et sans y rien sentir bouillonner, le front qu'un travail stérile couvre de sueurs ; partout règne une stupeur léthargique, les quelques maîtres seuls lèvent une tête fière, insolente et audacieuse.

Mais qu'arrive-t-il au contraire si ce peuple accepte sans effroi les attaques de l'autorité, et s'il élève son énergie à la hauteur des violences qu'on lui jette ? Qu'arrive-t-il si, prévoyant et courageux, il se renferme dans l'autorité et le maintien des lois, et même dans leur rigueur ? L'ambition, la cupidité et la bassesse sont obligées de se cacher ; la loi du lendemain vient fortifier la loi de la veille ; il se forme la plus formidable des confédérations, celle de tout un peuple qui réduit à l'impuissance des fourbes, des traîtres et des imposteurs, et qui a bientôt prouvé, consacré en principe, *qu'un Roi Élu ne peut jamais être qu'un Roi Dépendant.*

Lorsque Théodoric voulut s'ériger en maître des propriétés, de la liberté et de la vie de ses sujets, ces derniers ne le firent-ils pas raser et enfermer dans un cloître ? Le droit de déposer leurs rois que leur avaient légué leurs ancêtres fut la source de leur salut.

Jamais la toute-puissance seule de la nation ne fut contestée. Clotaire II, tout mauvais roi qu'il était, disait : « On convoque » l'assemblée de la nation parce que tout ce » qui regarde sa sûreté commune doit y être » examiné et réglé par *l'assemblée générale,* » et je dois me conformer à *tout ce qu'elle* » *aura* RÉSOLU. »

Si tel fut le langage de l'un de nos premiers rois, comment au 19e siècle pourrait-on prêcher la souveraineté absolue du chef du pouvoir exécutif ? Si alors le prince n'était chargé que de faire exécuter les lois, comment en pourrait-il être autrement aujourd'hui ?

Tout l'effort des plumes serviles ou intéressées ne pourra donc aboutir à changer nos mœurs et à arrêter un mouvement dont la première impulsion remonte aux premiers temps de l'établissement de la nation; le règne féodal est mort sous l'opprobre dont il s'est couvert... notre Age est l'Age de la Liberté.

Il faut que les Monarques reviennent à cette simplicité primitive dont parle un historien : « Le chef de la nation, dit-il, en » touré de ses principaux officiers, se ren- » dait aux assemblées nationales, vêtu en » simple particulier, sans pompe, sans gar- » des. Cette auguste simplicité n'était pas » sans motif, car aussitôt qu'il approchait » du Champ-de-Mars, il était revêtu de ses » habits royaux, assis sur un trône d'or. La » magnificence de la couronne ne brillait » qu'au milieu de la nation : cétait là seu- » lement que résidait la majesté du Mo- » narque. »

Il devient véritablement doux et précieux de retrouver de semblables images et de pareils souvenirs. Il y a loin de cette époque et de la nôtre à celle où un courtisan quittait son manoir gothique pour aller se courber sur les dalles du palais de son maître,

pour y vendre sa liberté et son épée.
Nous sommes loin de cette époque où nos
rois ne cherchaient à se rendre puissans au-
dehors que pour mieux nous asservir au-
dedans.

Nous sommes également loin de cette époque où des ministres pervers pouvaient con-
fisquer et nos droits et notre indépendance;
nous sommes à l'époque des lois fortes
et conservatrices, où l'autorité ne pourra
se soustraire à la censure nationale, et où la
souveraineté du peuple triomphera.

Et puis, nous ne concevons guère aujour-
d'hui comment un individu qui se sentirait
un cœur d'homme pourrait songer à se faire
maître absolu! Quelles douceurs lui réserve-
rait donc cette toute-puissance qu'il ne pourrait acquérir qu'au prix des plus tristes et
des plus malheureuses luttes? Que gagne-
rait-il à un silence momentané des lois? Les
transes perpétuelles d'un réveil terrible et de
la vengeance; une défiance et une haine gé-
nérales; une mémoire flétrie à tout jamais;
point d'amis, mais beaucoup de complices

avilis. A la moindre résistance, il faudrait
élargir les prisons, relever les échafauds et
faire couler le sang. L'Etat, sans force, parce
que la nation serait sans énergie, pourrait
être d'un moment à l'autre envahi et divisé
entre des conquérans, et ce maître si fier et si
jaloux tout-à-l'heure de son autorité, ne serait
bientôt plus peut-être que le chef d'un petit
cercle, moins étendu que celui d'un haut ba-
ron sous la troisième race. Que deviendrait enfin ce maître absolu qui ne serait point soutenu
par son peuple, et qui ne manquerait pas de
rencontrer des jaloux et des rebelles dans les
instrumens même de son envahissement?

Pour peu qu'un monarque connaisse l'histoire de France, il se rappellera que la majesté du trône et sa puissance furent anéan-
ties dès que la nation eut perdu ses droits
et sa liberté ; il se rappellera que, dans le
sein de la France et au dehors, il ne fut jamais question que de la diviser, de la morce-
ler et de la détruire. Quand les rois com-
mencèrent-ils à devenir forts ? ce fut après
que Louis-le-Gros, Louis IX et Philippe-le-

Hardi eurent fait entendre au peuple les accens de la liberté! Ces rois puisèrent leur force dans leur impartialité et dans leur équité; par eux la justice commença à justifier son nom; la noblesse perdit de son orgueil et de son influence. Pourquoi donc nous est-il resté tant de vestiges de ces temps anciens? pourquoi, au milieu d'un progrès, d'un mouvement si généreux, en face des plus riches souvenirs, retrouvons-nous donc encore tous les monumens de la haine et de la rigueur des temps de crimes et de désastres? Est-ce qu'il doit toujours rester aux tyrans un élément avec lequel ils puissent reconstruire leur antique tyrannie?

Fatale erreur de la révolution de juillet! c'est à toi que tu dois t'en prendre de l'existence de tous ces vieux hochets avec lesquels on te frappe à la face! Que ne les as-tu brisés, pulvérisés, anéantis, lorsque tu tenais le glaive de la vengeance! Toi aussi, tu as été coupablement oublieuse comme les rois; tu ne t'es pas ressouvenue assez que, lorsque tu te réveillais au nom de liberté, tu devais imiter ta sœur aînée, et puiser dans ton grand et froid courage la force de briser jusqu'au dernier anneau de cette chaîne qui t'avait forcée à t'armer.

Tu le vois, maintenant comme au bout de quatre années, on recueille ramasse et réunit avec soin, avec art, avec audace, tous les lambeaux que tu t'es contentée de disperser.

Français! ô mes concitoyens! auriez-vous donc, en 1830, eu moins de grandeur d'énergie et de prévoyance surtout que dans ces époques où vous passâtes de la servitude la plus profonde à l'enthousiasme de la chevalerie, où se développèrent spontanément dans votre âme tous les sentimens généreux qu'inspirent l'amitié et l'amour de la patrie; où vous ne rêviez que le bonheur et l'indépendance de la plus belle portion de vous-mêmes; où vous fîtes asseoir l'héroïsme des anciennes républiques sur le trône deshonoré de toutes les vieilles oppressions? Est-ce que le Dieu que vous adoriez alors aveuglément, sur la foi de vos prêtres, n'est pas aujourd'hui le même, mais mieux senti par les recherches d'une raison plus éclairée ? votre histoire moderne n'est-elle donc pas plus pleine et plus honorable que celle du passé ? ne comprenez-vous pas mieux l'honneur, et votre grandeur n'est-elle pas plus réelle ? *n'est-ce pas à nos pères, existant encore,* que nous devons notre résurrection nationale, et une gloire militaire bien inférieure encore à notre gloire législative ? ne sont-ce pas ces vénérables vétérans de notre émancipation, que nous pouvons encore presser sur nos cœurs, qui ont forcé les rois à s'assouplir aux besoins d'un grand peuple, et de plier leur despotisme absolu à ses droits ? ne sont-ce pas ces vénérables vieillards dont les précieuses et éloquentes blessures nous disent qu'ils ont brisé les satellites passifs des maîtres pour les remplacer par leur milice citoyenne ? enfin n'est-ce pas vous qui, comme héritiers, comme continuateurs du titre de *soldats-citoyens*, de *baïonnettes intelligentes*, avez élevé le trône du 7 août sur le trône que vous aviez brisé dans les

trois mémorables journées de juillet? n'est-
ce pas vous qui avez proscrit un roi coupable et ses complices? n'est-ce pas vous enfin
qui avez écrit de votre sang sur le pavé de
la grande cité ces règles qui posent toutes
limites au pouvoir absolu? Après avoir
puni l'insolence audacieuse des ordonnances
de juillet, en souffririez-vous une nouvelle
édition? Vengeurs d'excès criminels, n'auriez-vous que du pardon pour des excès semblables? Nous nous sommes tous levés en
juillet pour briser la même chaîne, et notre
alliance subsiste encore. Celle des rois, nos
ennemis, ne fait que se fortifier, sous nos
yeux même; nous n'avons donc point perdu
le droit de continuer la nôtre; un peuple tout
entier ne conspire pas.

On nous jette stupidement, disons mieux,
lâchement, les terreurs de l'étranger, d'une
invasion nouvelle, et enfin des *nécessités
politiques extérieures!* Mais craindrions-nous
si légèrement, nous qui fûmes si souvent
maîtres chez les autres? Et puis, ces mêmes

souverains étrangers unis pour renverser Napoléon, sous le nom sacrilége et sous les mots incohérens de *sainte-coalition*, ne nous ont-ils pas reconnu le *droit suprême* de nous organiser comme bon nous semblerait? Ne sont-ce pas ces mêmes souverains qui, en 1814, ont placardé sur tous les murs de notre capitale : « *Bons Français! choisissez-vous un gouvernement dont l'organisation et les principes aient pour base la justice;* surtout qu'il soit fidèle a tenir ses engagemens !.... »

Après un tel langage, proféré au milieu de la plus rude tempête, quand ils étaient au milieu de nous, lorsqu'ils occupaient la capitale, qu'ils avaient abattu le vainqueur des vainqueurs, ils auraient belle grâce, ces souverains étrangers, à vouloir nous imposer leurs volontés! et nous, nous recueillerions une belle gloire à nous y soumettre, lorsque nous avons entre eux et nous et nos frontières, et nos gardes citoyennes, et une armée toute prête, et une génération vivace, ardente, patriote, plus formidable que celle qui franchit le Borysthène et la Moskowa !

Si nous nous sommes insurgés en juillet, les rois étrangers savent bien que ce fut seulement et justement parce que le gouvernement que nous avions accepté en 1814 ne s'était renfermé ni dans les bases ni dans les principes de la justice ; que c'était parce qu'il n'avait pas été fidèle à ses engagemens.

Depuis quinze ans ce gouvernement n'avait cessé d'accumuler sur sa tête griefs sur griefs ; à la conservation et à la reconsolidation des plus intolérables priviléges, il n'avait cessé d'ajouter les plus odieux empiètemens. La charte était empreinte de toutes les calamités qu'elle renfermait frauduleusement pour l'avenir ; elle justifiait, dès sa publication, ces mots caractéristiques et courageux de Manuel, que *les Bourbons avaient été reçus avec répugnance.* Il était clair qu'on ne pouvait que pressentir ce qui attendait la France, lorsque les sénateurs maintenaient, comme Pairs, et leur primogéniture et tous leurs priviléges ; priviléges qui avaient excité tant de mépris et tant de haines dans la nation !

On commençait déjà, sans doute, à reconnaître dans Louis XVIII la fermeté qui formait le fond de son caractère ; mais cette fermeté n'était pas employée à l'établissement de la légalité dont il avait professé les principes avant 89 et jusqu'en 90 ; elle se dirigeait, persévérante et tout entière, vers le pouvoir absolu, et Charles X était venu imprudemment y mettre le comble. Charles X voulut baillonner la nation, comme Louis XVIII l'avait déjà fait par ses lois sur la liberté de la presse, et il en fut fini de son règne. Qu'on se rappelle le projet de loi sur la presse, présenté par l'abbé de Montesquiou (1), et les ordonnances de juillet.

Si la conduite de la Restauration frappa son auteur, dès son origine, d'une répugnance publique, il est sorti bien des sentimens tristes et accablans des assassinats de la rue Trans-

(1) Ce projet de loi fut énergiquement et courageusement combattu par le député Dumolard.

nonain, du second massacre des prisons à Sainte-Pélagie, et de ce *mot cruel* sorti de la bouche d'un magistrat, qu'il voulait inspirer une *terreur salutaire*. Sous le gouvernement déchu, un autre magistrat avait proposé *des rigueurs salutaires*... Le mot *terreur,* substitué au premier, est un triste progrès!

Sous le gouvernement déchu, on agita la question des dangers des clubs, même composés de députés, et depuis juillet on nous a dépouillés du droit d'association. La restauration eut ses cours prévotales, et nous avons eu l'état de siége; en 1815 on proposa une amnistie, et nous n'avons pas même eu cet avantage en 1835. Enfin, ce serait un long et curieux parallèle que celui des anologies entre deux époques si voisines que celles de 1815 et de 1835, époques si différentes dans leur origine, et si peu dissemblables dans leurs résultats!

Mais détournons les yeux de ce sujet, et espérons plus de la sagesse du peuple que de l'imprudence et de de l'impéritie de ses gouvernans, quels qu'ils soient.

Contentons-nous de rappeler aux uns et aux autres leurs devoirs réciproques, et ne songeons plus qu'à la satisfaction d'avoir rempli notre devoir de citoyen.

Nous nous estimerons heureux si nous avons garanti le pouvoir de sa chute, et préservé la France d'une nouvelle convulsion, qui serait aussi nécessaire qu'inévitable.

IMPRIMERIE DE FÉLIX MALTESTE ET Cie,
SUCCESSEURS DE CARPENTIER-MÉRICOURT,
Rue Traînée, Nos 15 et 17, près St-Eustache.

9 782014 056532